늘 함께하는
나만의 선인장

코바늘 잘 쓰는 식물 광인의

보태니컬 손뜨개

백지윤 저

코바늘 잘쓰는 식물 광인의
보태니컬 손뜨개

| 만든 사람들 |
기획 실용기획부 | **진행** 한윤지 | **집필** 백지윤 | **편집·표지 디자인** D.J.I books design studio 원은영

| 책 내용 문의 |
도서 내용에 대해 궁금한 사항이 있으시면
저자의 홈페이지나 아이생각 홈페이지의 게시판을 통해서 해결하실 수 있습니다.

아이생각 홈페이지 www.ithinkbook.co.kr
아이생각 페이스북 www.facebook.com/ithinkbook
디지털북스 카페 cafe.naver.com/digitalbooks1999
디지털북스 이메일 digital@digitalbooks.co.kr
저자 이메일 botanischeskind@naver.com
저자 트위터 @botanischeskind

| 각종 문의 |
영업관련 hi@digitalbooks.co.kr
기획관련 digital@digitalbooks.co.kr
전화번호 (02) 447-3157~8

Botanisches kind. 식물원 킨트는 제가 사랑하는 소설의 <동물원 킨트>에서 장난스럽게 따 온 이름이었습니다. 배수아 작가의 소설에 상당부분 빚진 이름입니다. 제 이름 석 자 옆에 '식물원 킨트' 라고 적어 놓으니 이게 마치 제 직업이 된 양, 나는 무슨 일을 할 수 있을까 여러 번 생각했습니다. 나는 무슨 일을 해야 할까요?

항상 건강하고 멋진 사람이 되고 싶습니다. 희망사항이라기보다 욕망에 가까운 마음입니다. 종종 이걸 내려놓고 싶을 때도 있는데, 그런 날이면 뜨개질 바늘을 잡곤 합니다.

2019년 8월
식물원 킨트, 백지윤

목차

시작하기에 앞서

코바늘?
뜨개질이란?

실과 바늘을 이용하여 면적을 만드는 일입니다. 실이 꿰이는 방향에 따라 편물의 무늬가 달라집니다. 점의 수학적 정의는 넓이, 길이, 부피를 가지지 않는 것이고, 선은 점이 움직인 자리, 면은 선이 움직인 자리입니다.

저는 실의 물성을 사랑합니다. 실은 제가 잘 모르는 수학의 세계와 달리 손에 쥘 수 있고 끊어진 자리는 매듭지어 이을 수도 있습니다. 영원히 이어지는 실도 상상할 수 있어요.

필요한 것들

코바늘, 실, 가위는 너무나도 기본적인 재료입니다.

코바늘도 다양한 생김새가 있습니다. 쥐는 방법과 취향에 따라 손에 편한 것을 골라 사용하면 됩니다. 코바늘을 맨 처음 시작하는 분이시라면 양쪽으로 다른 호수의 코바늘이 하나로 되어 있는 것을 구매하시는 것이 좋습니다. 저렴해서 부담이 없기도 하고 호수에 따라 편물이 어떻게 달라지는지 알 수도 있기 때문입니다.

돗바늘은 편물을 다 뜬 후, 실을 정리할 때에 필요합니다. 돗바늘의 사용법에 대해서는 실을 정리하는 방법을 설명하는 챕터를 참고해 주세요.

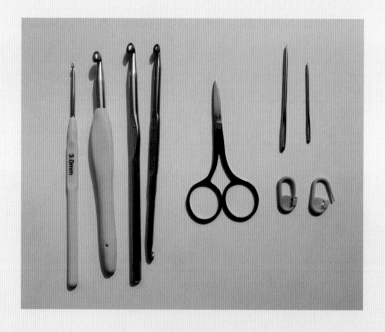

없어도 되지만
있으면 좋은 것들

- 단수링: 단수링은 빼먹기 쉬운 코나, 어디까지 떴는지 표시하여 잊지 않도록
하는 데에 사용합니다. 코바늘의 경우 바늘을 빼서 풀리지 않도록 하는 데에 사
용하기도 합니다.

그러나 뜨개질을 하는 사람에게 단수링이란 마치 머리끈이나 실핀 같은 것이어
서, 늘 많이 사 놓음에도 불구하고 사라지는 도구입니다. 저는 옷핀이나 자투리 실
조각을 이용하여 표시를 해 두기도 합니다.

: 단수링을 대체한 옷핀   : 고양이 (대체 가능한 존재 없음)

재료를 고르는
방법과 요령

뜨개질을 맨 처음 시작하는 사람에게 정말 어려운 문제입니다. 코바늘과 실은 정
말 다양하기 때문입니다. 사진에 보이는 코바늘 세트는 해외직구를 통해 구매했
습니다.

한국의 경우, 코바늘을 호수로 구분하지만 외국은 mm로 구분하는 경우가 많습니다. 요즈음엔 mm로 표시되는 코바늘도 많이 판매되고 있으므로, 표를 참고하도록 합시다.

모사용 코바늘

호수	2호	4호	5호	6호	7호	7.5호	8호	9호	10호	점보7mm	점보8mm	점보9mm	점보10mm
mm	2	2.5	3	3.5	4	4.5	5	5.5	6	7	8	9	10

레이스용 코바늘

호수	16	14	12	10	8	6	4	2	0
mm	0.4	0.5	0.6	0.75	0.9	10	12.5	1.5	1.75

마음에 드는 실을 찾았다면 그 실에 알맞은 호수의 바늘을 사용해야 합니다. 간혹 잘못된 바늘을 골라 제대로 시작도 해 보기 전에 포기하는 경우가 있습니다.

사진과 같이 코바늘의 고리에 무리 없이 실이 쏙 걸린다면 ok입니다. 고리에 비해 실이 너무 가늘거나, 실에 비해 고리가 너무 크다면 사진을 참고하여 골라 봅시다.

코바늘은 모사용과 레이스용으로 나누어집니다. 모사용은 이 책에서 주로 사용하는 '일반적인 코바늘'이라고 생각하시면 될 것 같습니다. 레이스용 코바늘은 말 그대로 섬세한 레이스를 뜰 수 있는 아주 작은 바늘입니다. 사진은 10mm 점보 코바늘과 0.6mm 레이스용 코바늘을 나란히 놓고 찍은 것입니다. 차이가 엄청나죠?

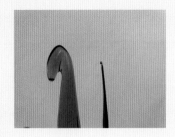

제가 처음으로 실을 사러 갔을 때 가장 난감했던 말은 "5호나 6호 쓰면 돼!" 였습니다. 5호면 5호고 6호면 6호지, 5호나 6호는 뭘까요?

정답은 "둘 다 상관없음"입니다. 이 사진은 같은 실을 이용하여 5호와 6호로 뜬 것입니다. 이렇게 같은 실을 이용해도 바늘 호수에 따라 편물의 성김 정도가 미묘하게 달라집니다. 각자 손에 들어가는 힘에 따라서도 또 달라지기 마련입니다. 그러니 내 취향에 맞는 것으로 뜨면 됩니다. 저는 빽빽하게 뜨는 걸 좋아합니다. 뜨개질은 취향의 문제니까요.

수세미실 / 램스울 / 솔잎사
캐시미어 / 두께가 일정하지 않아 굴곡이 있는 울 소재의 실 / 인견사
아크릴헤어 / 소프트 아크릴헤어 / 면사

기본적으로, 이 책에 소개된 작품을 만들 때 어떤 실과 바늘을 이용했는지 설명은
해 두었습니다만, 꼭 책에 설명한 실이 아니어도 얼마든지 ok, ok, ok입니다. 바
늘의 호수와 실의 종류에 따라 결과물의 느낌이 아주 많이 달라지기 때문입니다.

실의 질감은 사진에 다 담기지 않습니다. 실을 만졌을 때와 떴을 때의 느낌이 다른
실도 아주 많지요. 내 취향을 찾아 떠나는 뜨개질 여행입니다.

그러니 좋아하는 실로 뜹시다!

앞서 설명한 것과 같이 코바늘 호수는 정말 다양합니다. 눈에 잘 보이지도 않는 모
사용 레이스 코바늘부터 점보 사이즈까지. 바늘이 크면 클수록 잘 보여서 쉬울 것
같지만 은근히 손목에 힘이 많이 들어갑니다. 그러니 처음 하는 분이시라면 4호,
5호, 6호 중에서 골라 시작해 봅시다. 입문용으로 일반적입니다.

너무 비싼 실과 바늘을 고를 필요는 없습니다. 입문자는 높은 확률로(120%) 실수하여 풀게 되어 있습니다. 실을 떴다 풀기를 반복하면 보풀이 생기고 갈라지기도 합니다. 연습용으로는 저렴하고 부담이 없는 아크릴사가 무난합니다.

실 사러 갔을 때 써먹을 수 있는 실전 질문

"이 실은 몇 호 바늘 써야 해요?"

"이 바늘에 맞는 노란색 실 있나요?"

"보풀이 생기지 않았으면 좋겠어요."

"선인장 만들 건데요, 너무 광택이 돌지 않으면 좋겠어요.
어떤 실이 좋을까요?"

도매상가에서 이렇게만 물어보면 척척 꺼내 주십니다. 뜨개실의 척척박사들!

코바늘뜨기
방법 설명

코 만들기,
사슬뜨기

사슬뜨기는 코바늘의 가장 기초가 되는 방법입니다. 사슬뜨기를 할 줄 알아야 코를 만들 수 있습니다.

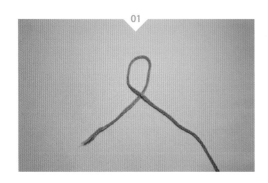

사진과 같이 실을 고리 모양으로 만들어 줍니다.

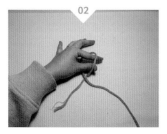
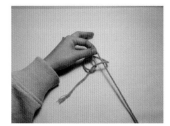

고리 사이로 실을 잡아서 빼내어 당깁니다.

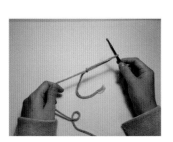

그 사이로 바늘을 넣고 이어지는 실을 당겨 바늘이 고정될 수 있게 합니다.

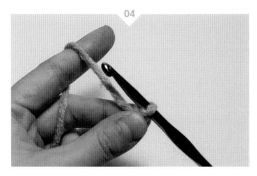

04

사진과 같이 코바늘의 고리에 실을 걸어 매듭 사이로 계속 빼내어 주면 사슬 모양의 끈이 만들어집니다.

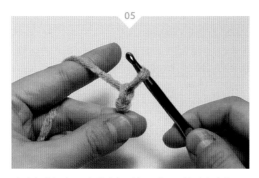

05

하나의 사슬이 1코가 됩니다. 사슬뜨기 10코를 떴습니다.

＊ 이 손 모양을 잘 기억하세요. 손 모양이 흐트러지면 뜨개질의 시작이 매우 어려워집니다.

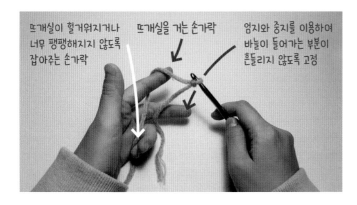

뜨개실이 헐거워지거나
너무 팽팽해지지 않도록
잡아주는 손가락

뜨개실을 거는 손가락

엄지와 중지를 이용하여
바늘이 들어가는 부분이
흔들리지 않도록 고정

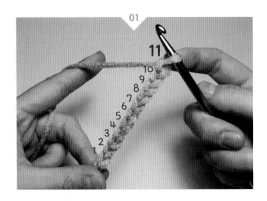

짧은뜨기

코바늘뜨기의 가장 기본적인 뜨개 방법입니다. 짧은뜨기에 익숙해져야 다른 것도 쉽게 할 수 있으니 집중해 봅시다.

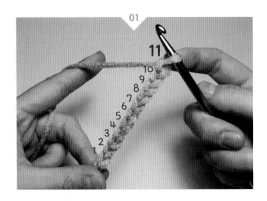

시작할 때 주의해야 할 것은 기둥코입니다. 뜨개 방법마다 기둥코를 염두에 두고 시작해야 편물을 다 떴을 때에 양 끝이 일정하게 됩니다. 짧은뜨기의 기둥코는 사슬뜨기 1코입니다. 사진과 같이 짧은뜨기를 10코 뜨고 싶다면, 기둥코를 포함하여 11코를 떠야 합니다. 기둥코 포함 11코를 뜬 모습입니다.

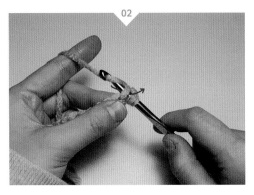

화살표로 표시한 곳에 바늘을 찔러 넣고 고리 하나만 통과하여 빼내어 줍니다. 바늘에 고리 두 개가 걸려 있을 것입니다.

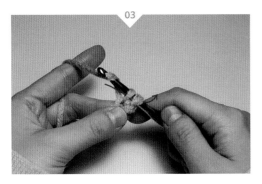

다시 바늘에 실을 걸어 고리 두 개를 통과시킵니다. 짧은뜨기 1코를 떴습니다.

그 다음 코를 뜨기 위해서 바늘을 어디에 찔러야 하는지 헷갈려 하는 분이 많습니다. 실이 걸려 있는 코의 바로 다음 코에 바늘을 찔러 넣습니다. 앞서 설명한 방법대로 끝까지 떠 봅시다.

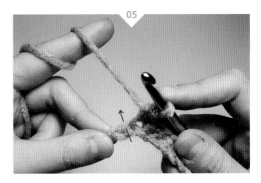

초보자가 가장 흔히 하는 실수 중 하나는 맨 마지막 코를 빼먹는 것입니다. 남아있는 사슬이 없도록 마지막까지 뜹니다.

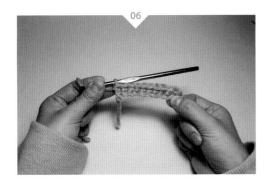

짧은뜨기 10코로 1단을 떴습니다. 두 번째 단을 뜰 차례입니다.

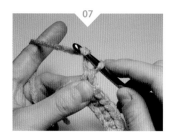  

역시 사슬뜨기 1코로 기둥코를 만들고 화살표로 표시한 곳에 바늘을 찔러 짧은뜨기 합니다.

 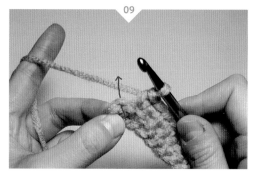

이때에는 사진과 같이 고리 두 개를 통과시켜줍니다. 앞에 있는 고리나 뒤에 있는 고리에만 걸어서 뜰 경우, 편물의 무늬가 달라지기 때문입니다. (이 내용은 화분을 만드는 챕터에서 설명하고 있으니 궁금하신 분은 140 페이지로!)

역시 마지막 코까지 빼먹지 말고 뜹니다.

짧은뜨기 3단을 뜬 모습입니다.

긴뜨기

긴뜨기는 바늘에 실을 감아 보다 넓은 면적을 만드는 방법입니다. 여러 기법이 있지만 가장 흔하게 사용되는 것은 긴뜨기, 한길긴뜨기, 두길긴뜨기입니다. 이 방법을 익히면 웬만한 코바늘뜨기를 할 수 있습니다.

긴뜨기의 기둥코는 사슬뜨기 2코입니다. 사진과 같이 기둥코를 만들어 줍시다.

사진과 같이 바늘에 실을 한 바퀴 감은 상태에서 화살표로 표시한 곳에 바늘을 찌릅니다.

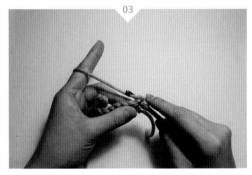

코바늘에 실을 걸어 사진과 같이 빼내어 줍니다. 코바늘에 고리 세 개가 걸려있는 것을 볼 수 있습니다.

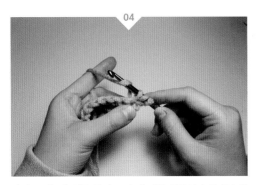

04

05

다시 코바늘에 실을 걸어 고리 세 개를 통과시켜 빼내어 줍니다.

긴뜨기 한 코를 떴습니다.

06

긴뜨기 3단을 뜬 모습입니다.

한길긴뜨기는 긴뜨기와 매우 비슷하지만 늘어나는 면적이 더 넓습니다. 긴뜨기 중에서도 가장 많이 쓰이는 방법입니다.

01

한길긴뜨기의 기둥코는 사슬뜨기 3코입니다. 역시 사진과 같이 기둥코를 만들어 줍시다.

02

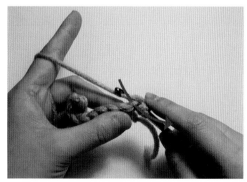

사진과 같이 바늘에 실을 한 바퀴 감아 화살표 표시한 곳에 바늘을 찔러 넣어 실을 빼내어 줍니다. 여기까지는 긴뜨기와 동일합니다.

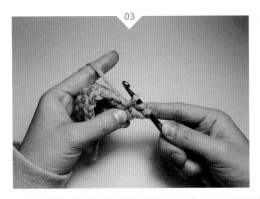

고리 세 개가 바늘에 걸렸습니다. 이번에는 실을 걸어 고리 두 개를 빼내어 줍니다.

바늘에 고리 두 개가 걸리게 됩니다. 고리 두 개를 빼 줍니다.

한길긴뜨기 한 코를 뜬 모습입니다.

한길긴뜨기로 3단까지 뜬 모양입니다.

두길긴뜨기

두길긴뜨기까지 오느라 수고 많으셨습니다. 거의 다 왔으니 조금만 더 힘을 내세요.

두길긴뜨기의 기둥코는 사슬뜨기 4코입니다.

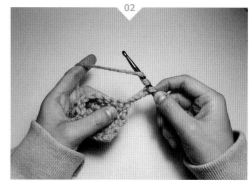

바늘에 실을 두 바퀴 감아 줍니다. 눈치 빠른 독자분이시라면 이 쯤 감을 잡으셨을 것 같습니다. 세길긴뜨기는 바늘에 실을 세 바퀴 감으면 됩니다. 화살표 표시한 곳에 바늘을 찌릅니다.

실을 빼내어 바늘에 고리 네 개가 걸려 있는 모습입니다.

04

사진과 같이 고리 두 개를 빼 내어 줍니다.

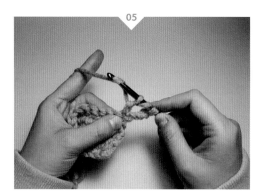

05

다시 고리 두 개를 빼고, 또 고리 두 개를 빼서 고리가 하나만 남게 되면 두길긴뜨기를 뜬 것입니다.

06

두길긴뜨기 3단을 뜬 모습입니다.

**뜨개 방법에 따라
달라지는 면적**

- 단짧은뜨기의 기둥코는 사슬뜨기   →   1코
- 긴뜨기의 기둥코는 사슬뜨기   →   2코
- 한길긴뜨기의 기둥코는 사슬뜨기   →   3코
- 두길긴뜨기의 기둥코는 사슬뜨기   →   4코

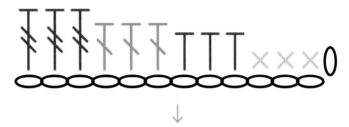

↓

뜨개 방법에 따라서 한 단의 면적이 달라집니다. 이 점을 이용하여 식물의 곡
선을 만들어 보도록 합시다.

빼뜨기는 면적을 만들기보다 주로 마무리 할 때에 쓰이는 방법입니다. 짧은
뜨기와 비슷하지만 조금 다릅니다. 빼뜨기로 뜬 부분은 단단해지는 특징이
있습니다.

기둥코 1코 뜹니다.

실을 걸어 바늘에 걸려 있는 모든 고리
에서 빼내어 줍니다.

빼뜨기를 한 모습입니다.

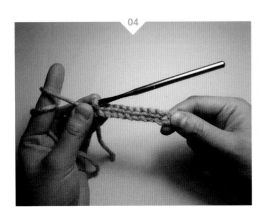

빼뜨기로 1단 뜬 모양입니다.

원 모양 만드는
방법과 원리

원 모양을 뜨는 것에는 일정한 규칙이 있습니다.

사진과 같이 손가락에 실을 감아 줍니다.

코바늘을 이용하여 실을 빼내어 준 후,

화살표 방향으로 바늘을 넣어 짧은뜨기를 합니다.

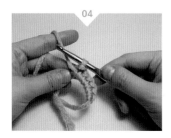

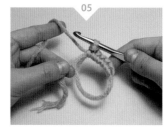

짧은뜨기 6코를 뜬 모양입니다.

짧은 실을 잡아서 쭉 당겨 주면

원 모양으로 편물이 모입니다. 화살표로 표시한 곳에 빼뜨기를 하게 되면,

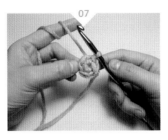

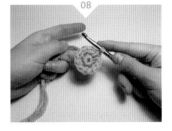

원 모양 뜨기를 할 준비가 되었습니다.

한 코당 짧은뜨기 2코를 뜬 모양입니다.

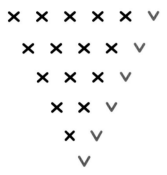

피자! 옆의 도안이 피자의 한 조각이라고 상상해 봅시다. 한 단에 한 코씩 늘려 줍니다. 일정한 간격을 두고 코를 늘려야 일정한 원 모양이 됩니다. 아래 사진은 각각 네 조각, 다섯 조각, 여섯 조각을 뜬 모양입니다.

초보자의 경우, 원 모양 뜨기를 할 때에 한 단을 뜨고 나서 시작했던 곳을 찾지 못해 애를 먹는 경우가 있습니다. 단수링을 이용하여 표시하면 헷갈리지 않고 뜰 수 있습니다.

코가 늘어나는 위치에 따라 원 모양이 미묘하게 달라지기는 하지만 원리는 같습니다. 좀 더 보기 쉽게 코가 늘어나는 부분은 빨간 색으로 그려 보았습니다. 한 단마다 일정한 간격을 두고 한 코씩 코 늘리기입니다. 도안을 참고하여 만들어 봅시다.

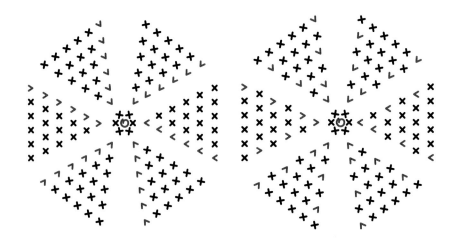

실 정리와
숨겨 뜨는 방법

편물을 다 뜬 후에는 실을 정리해야 깔끔해집니다. 이 과정까지 다 마친 다음에야 비로소 완성했다고 말할 수 있습니다. 돗바늘을 이용하여 이미 뜬 편물 사이로 실을 숨기는 방법입니다. 이렇게 하면 풀릴 일 없이 단단하게 고정되어 안정감이 있습니다.

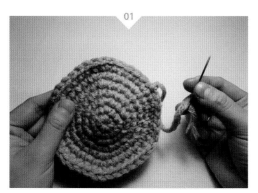

자투리 실을 돗바늘에 꿰어

뜨개질을 하여 코가 숨겨진 안쪽으로 실을 넣어 줍니다

남은 실을 잘라 버리면 깔끔한 실 정리가 됩니다.

- 꼼수 쓰기 야매(?) 방법: 사실 뜨개질을 하다 보면 제일 귀찮은 일이 실을 정리하는 것입니다. 돗바늘 잡기에 피곤한 날에는 저는 이 방법을 애용합니다.

대부분 실의 경우, 갈라지는 성질이 있으므로 이를 이용합니다. 실을 갈라서 반만 다른 구멍으로 빼내어 묶은 다음 잘라버립니다. 돗바늘을 이용하여 실을 숨기는 것보다 조금 지저분해 보일 수는 있으나 갑자기 돗바늘이 안 보이거나 귀찮을 때엔 이만한 방법이 또 없습니다.

- 실을 숨기며 뜨는 방법: 처음부터 짜투리 실은 숨겨 가며 뜨는 방법입니다. 이 방법에 익숙해지면 나중에 마무리를 지을 때 수월합니다.

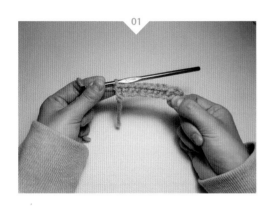

짧은뜨기로 1단 뜬 모양입니다. 왼쪽 아래에 있는 자투리 실은 편물을 다 떴을 때에 정리해야 하는 실입니다. 실을 숨겨 뜨는 방법에 대해 알아봅시다.

짧은뜨기 2단을 뜨기 시작할 때에 자투리 실을 겹쳐 잡고 사진과 같이 바늘을 꿰어 줍니다. 그리고 앞에서 배운 짧은뜨기를 그대로 뜹니다.

03

04

코바늘이 꿰이는 코와 자투리 실이 하나라고 생각하면 편합니다. 그 상태에서 계속 뜨게 되면, 안쪽에 숨겨지는 모양이 됩니다.

약간 도톰해 보이는 부분이 실이 숨겨진 부분입니다. 사진 상으로는 도드라져 보이는 것 같지만 편물을 다 완성하고 실을 정리하는 것보다 훨씬 편리하고 효율적입니다.

* 아이비, 상상의 식물에서
  필요한 방법

자, 숨기는 실 대신 철사가 있다고 생각해 봅니다. 이렇게 하면 편물 사이로 철사를 숨겨서 뜰 수 있게 됩니다. 식물의 모양을 고정시킬 때 필요합니다.

위에서 자투리 실을 겹쳐서 떴던 것처럼 철사를 코에 포개어 떠 줍니다.

그러면 이렇게 철사가 가운데에 걸려 있게 됩니다. 이 방법은 뒤에 나올 식물의 모양을 고정시키는 데에 필요합니다.

편물끼리
꿰매는 방법

편물과 편물을 잇는 방법에 대해 알아봅시다.

두 편물을 준비합니다. 이 작업에는 돗
바늘이 필요합니다.

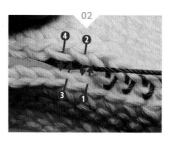

화살표에 표시한 순서대로 바늘을 꿰
어 줍니다. 한 코가 아닌 반 코만 주워
주세요.

편물에 바늘을 모두 통과시킨 모양입니
다. 실이 꿰이는 방향을 잘 보이게 하기
위해 일부러 헐렁하게 꿰맸습니다.

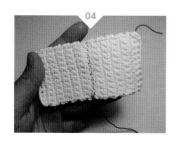

촘촘하게 꿰매어 잘 당겨 주면 이렇게 사이사이로 실이 숨겨져 보이지 않게 됩니다.

* 코바늘 기호 읽는 방법

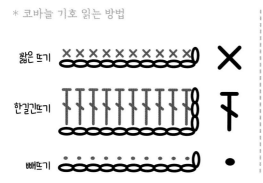

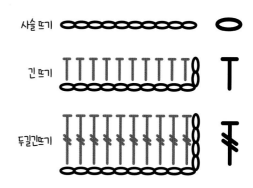

작품 도안과
과정

CONTENTS

도안을 응용해 다양한 식물들을 만들어 보세요!

01
FOLIAGE
PLANT
관엽 식물

02
CACTUS
선인장

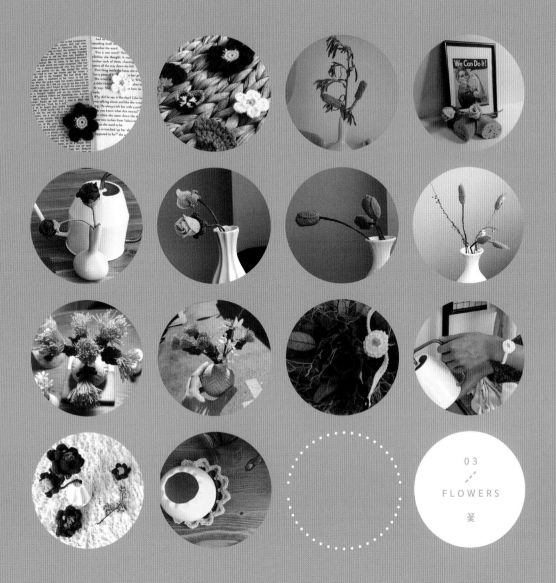

03
FLOWERS
꽃

01
FOLIAGE PLANT

산세베리아
SANSEVIERIA

건조에 강하고 생명력이 질긴 식물. '관용'이라는 꽃말을 가지고 있습니다. 산세베리아의 잎에서는 섬유가 추출되는데, 이것으로 로프나 활시위 등을 만든다고 합니다.

사용한 실: 인형사, 면사 (색깔만 갖추어져 있다면 OK)

사용한 바늘: 3~6호   준비물: 꽃철사

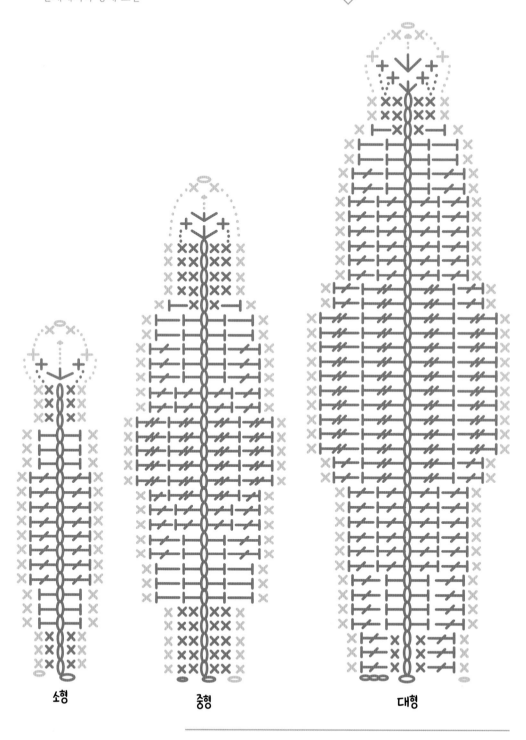

소형 **중형** **대형**

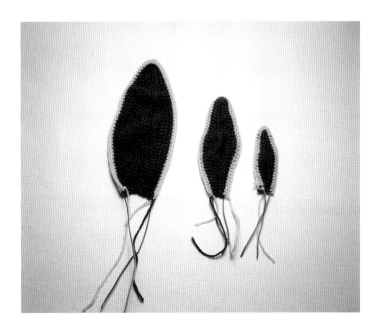

위 도안을 따라 잎을 만든 모습입니다. 도안대로 뜨되, 노란색 테두리를 뜰 때엔 철사를 숨겨서 떠 주세요. 모양을 고정시키는 방법은 립살리스 챕터를 참고하도록 합시다.

② 아이비
IVY

두릅나무과의 한 속, 서양송악이라고도 합니다. 아이비는 그리스 신화에 등장하는 술의 신, 디오니소스를 상징하는 식물이기도 합니다. 그래서 유럽에서는 술에 취하지 않게 하는 식물로 여겨 아이비의 잎을 술에 넣는 습속이 행해지기도 했다고 하네요.

사용한 실: 인형실(면사)　　사용한 바늘 : 5호
준비물: 꽃철사, 꽃테이프

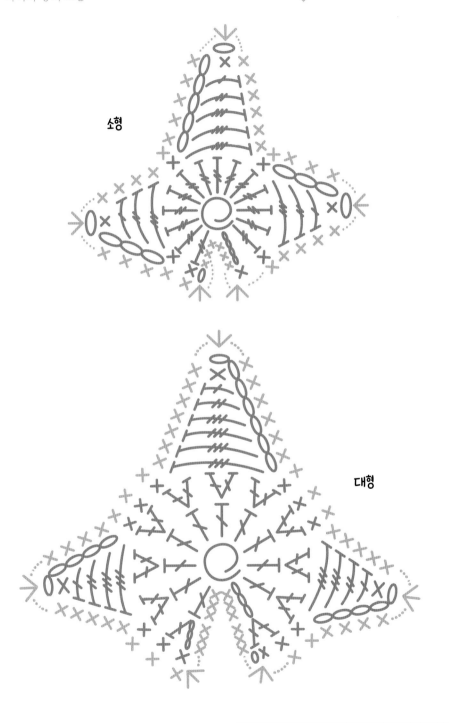

소형

대형

* 아래 설명은 아이비 대형 도안을 기준으로 이루어졌습니다.

도안과 같이 한길긴뜨기를 이용하여 1단 뜹니다.

편물을 뒤집어 다시 한길긴뜨기로 1코당 2코로 코늘림 해줍니다.

아이비의 뾰족한 잎이 되는 부분입니다.

중간 부분까지 만든 모양입니다.

잎의 전체적인 모양을 다 만들었습니다. 노란색 실로 바꾸어 짧은뜨기를 이용해 테두리를 떠 줍니다.

테두리를 뜰 때 철사를 숨겨서 뜨면 조금 더 단단하게 모양을 고정시킬 수 있습니다.

철사로 숨겨 뜬 부분은 꽃테이프로 감은 후, 잎을 여러 장 떠서 준비해 줍니다.

아이비 줄기 부분이 되는 철사도 미리 꽃테이프를 감아 줍니다.

미리 떠 놓은 잎을 꽃테이프로 감아 고정시켜 줍니다.

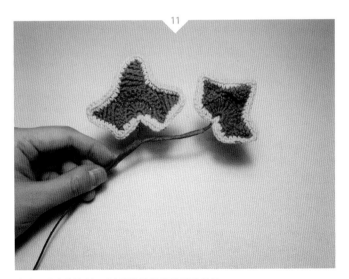

다른 잎도 중간중간 철사로 감아서 아이비 줄기의 전체적인 모양을 완성시켜 줍니다.

원하는 길이에 원하는 개수만큼 잎을 달아 주면 완성.

③ 드라세나
DRACAENA

드라세나는 아시아 및 열대 아프리카가 원산지로서, 약 4~50종이 존재하는 식물입니다. 성장이 빠른 편은 아니지만 잎이 아름다워서 관상용으로 꾸준한 사랑을 받고 있습니다.

사실 잎에서 빨간 색을 보여주는 드라세나 중 비교적 널리 알려진 것은 '드라세나 레드엣지'인데요, 진짜 드라세나 레드엣지는 이름처럼 잎의 가장자리에 물이 듭니다. 하지만 저는 가운데부분이 빨간 식물이 있었으면 좋겠다고 생각했어요. 내가 만드는 식물의 가장 좋은 점은, 보고 싶은 대로 만들 수 있다는 것입니다.

사용한 실: 램스울   사용한 바늘: 5호
준비물: 꽃철사

01

잎이 가장 마지막 단에 철사를 숨겨서 뜨면 모양을 단단하게 고정시킬 수 있습니다. 원하는 모양으로 응용하여 나만의 식물을 만들어 봅시다.

02

원하는 색으로 다양하게 조합하여 만들 수 있습니다.

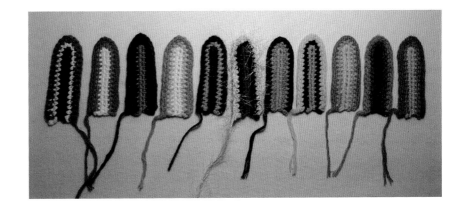

02
CACTUS

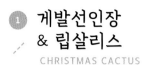

① 게발선인장
& 립살리스
CHRISTMAS CACTUS

NASA에서 지정한 공기정화식물 34위를 차지한 식물, 게발선인장. 잎 마디마디마다 뿌리가 자라나서 줄기를 뚝 뚝 잘라 삽목시켜 놓으면 그 자리에서 또 자리를 잡는 선인장입니다.

사용한 실: 인형사(면사)　사용한 바늘: 5호
준비물: 꽃철사

코바늘 5호
– 램스울 or 인형실

짧은줄기: 사슬뜨기 6배수 + 5코
ex) 자구 5개: 24코 + 5코 = 29코
    자구 4개: 18코 + 5코 = 23코

긴 줄기: 사슬뜨기 8배수 + 7코
ex) 자구 5개: 40코 + 7코 = 47코
    자구 4개: 32코 + 7코 = 39코

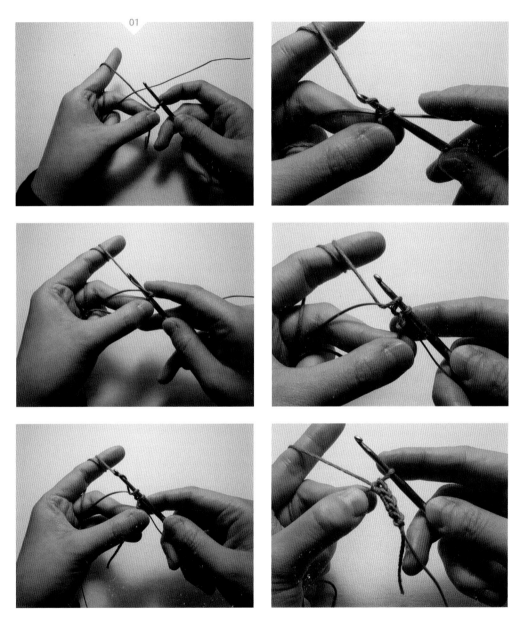

철사를 숨겨서 짧은뜨기 하듯 떠 줍니다.

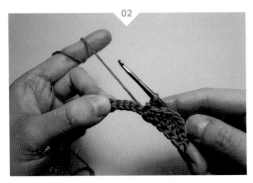

도안과 같이 떠 줍니다. 여기까지 뜬 후엔 뒤집어서 반대쪽도 떠 줍니다.

끝 부분도 빼먹지 말고 잘 떠 줍시다.

줄기 하나 완성.

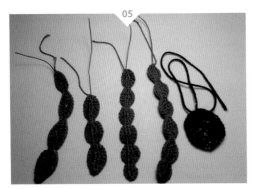

긴 줄기 짧은 줄기 적당히 원하는 개수만큼 뜹니다.

화분에 들어가는 흙 가운데에 철사와 자투리 실을 꿰어 풀리지 않도록 서로 잘 묶어 주세요.

흙 본체에 뚜껑 덮듯이 꿰매어 줍니다. 저 정도 여유가 남아있을 때에 솜을 채워 넣으면 더 안정적으로 모양이 잡힙니다.

흙 부분을 다 뜬 후 화분에 자리를 잡아 주면 됩니다.

이제 꽃을 뜰 차례입니다.

꽃술 > 작은 꽃잎 > 큰 꽃잎 순으로 끼워 주세요.

꽃술을 잘라 정리해 줍니다. 게발선인장은 꽃술이 아주 매력적입니다.

진짜 완성!

* 립살리스를 심어준 흙과 화분은 140 페이지의 화분 만드는 챕터를 확인하세요.

② 귀면각과
비모란
RUBY BALL CACTUS

접목 선인장으로 흔히 볼 수 있는 것 중에 '비모란'이라는 선인장이 있습니다. 생김새는 살짝 다르지만 비모란과 비슷하게 생긴 '자목단'도 있지요. 둘 다 저렴한 편이긴 하지만 자목단이 비모란보다 아주 조금 더 비싼 편입니다. 기분과 취향에 따라 비모란(자목단)을 만들었다고 우깁시다.

키우는 방법과 환경에 따라 다르겠지만 접목 선인장의 수명은 2~3년이라고 합니다. 서로 다른 종을 상처내어 접붙이기 때문에 면역력이 떨어지고 병과 세균에 약하기 때문이지요. 그러나 당신이 만든 선인장은 영원합니다!

사용한 실: 램스울, 수세미실
사용한 바늘: 5호

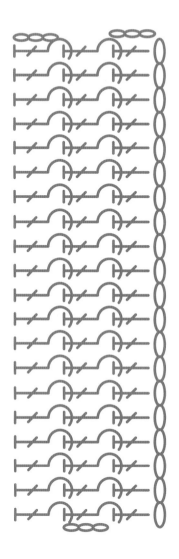

털 난 선인장의 경우, 앞서 배운 한길긴뜨기로 쭉 뜨면 되지만 귀면각은 바늘이 코가 아
닌 기둥을 통과한다. 이런 뜨개 방법을 "앞걸어뜨기"라고 하며 ∫ 라는 기호로 표시한다.

∫: 앞걸어 짧은뜨기   ∫: 앞걸어 긴뜨기   ∫: 앞걸어 한길긴뜨기

사슬뜨기 20코로 시작하여 한길긴뜨기로 1단 뜹니다. 키가 큰 선인장을 만들고 싶다면 30코도 ok입니다.

사진과 같이 바늘을 꽂아 한길긴뜨기를 뜹니다. 사실 이 뜨개 방법은 '앞걸어 한길긴뜨기'라고 하며, 도안은 소개된 것과 같습니다. 이 책에 소개된 기초를 익히고 나면 응용은 매우 간단합니다.

한길 앞걸어뜨기로 두 번째 단을 뜬 모
양입니다.

뒤집으면 이런 모양이 됩니다. 역시 같
은 방식으로 떠 줍니다.

동일한 방법으로 계속 뜨게 되면,

사진과 같이 자연스럽게 고랑이 만들
어집니다. 이 고랑이 10개 정도 생겼을
때 실을 잘라 줍니다. 연결되어 있는 실
은 꿰매는 데에 이용해야 하므로 여유
롭게 잘라 주세요. 사진에 표시된 양 끝
단을 꿰매어 이어 줍시다. 뚱뚱한 선인
장을 뜨고 싶다면 고랑이 더 많아도 ok
입니다.

양 끝단을 이어붙인 후, 돗바늘을 이용하여 사진처럼 실을 꿰어 줍니다. 실을 꿴 후
에는 당겨서 오므립니다.

실을 당겨 오므린 후 뒤집으면 이렇게
매끈한 모양이 됩니다.

선인장 몸통 완성! 당신은 이미 훌륭한 선인장을 만들었습니다. 욕심이 난다
면 비모란, 혹은 자목단도 만들어 봅시다.

도안과 같이, 접목시킬 선인장의 몸통을 뜹니다.

수세미실을 이용하여 꿰매어 줍니다.

다 꿰매어진 선인장에 솜을 넣어 모양을 잡아준 후 꿰매어 붙여 줍니다.

③ 춘의 선인장
OLD MAN CACTUS

멕시코 노인이라는 다른 이름을 가지고 있는 춘의 선인장. 아주 큰 기둥 모양으로 자라는 종입니다. 뜨거운 태양과 추위에 견디기 위해 가시와 함께 털이 자라는 매력적인 선인장이죠.

사용한 실: 램스울, 솔잎사

사용한 바늘: 5호

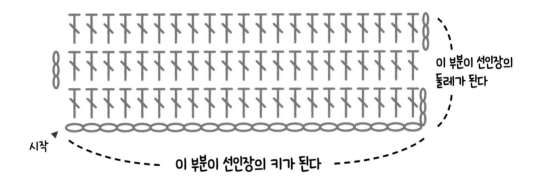

이 부분이 선인장의
둘레가 된다

시작

이 부분이 선인장의 키가 된다

- 사슬뜨기 20코 + 기둥코 3코

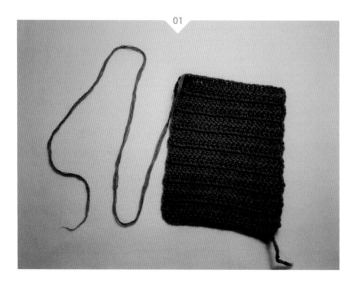

도안은 매우 간단합니다. 사슬뜨기 20코로 시작하여 한길긴뜨기로 뜹니다. 사슬뜨기를 하는 부분이 선인장의 키가, 한길긴뜨기로 올라가는 단 부분이 선인장의 둘레가 됩니다. 사진으로 설명한 예시는 16단을 떴습니다.

양끝을 꿰매어 원통형으로 만들어 줍니다.

매력적인 가시를 만들 차례입니다. 화살표로 표시한 곳에 바늘을 꿰어 솦잎사를 이용해 짧은뜨기를 합니다.

솔잎사의 실 특성상 사진으로 설명이 어렵기 때문에 아크릴사를 이용했습니다. 실전에서는 솔잎사를 이용하여 사진과 같이 떠
주세요.

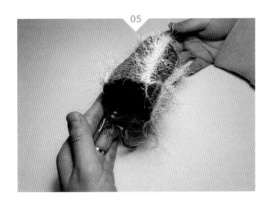

저는 한길긴뜨기로 16단을 떴으므로 4단에 한 줄씩 가시를 떠
주었습니다. 털이 많은 선인장을 만들고 싶다면 더 빽빽하게
뜨면 됩니다.

가시를 뜬 후에는 뒤집어서 돗바늘을 이용해 머리 부분을 오므린 후 뒤집으면 선인장 모양이 됩니다.

솜을 넣어 흙 부분에 꿰매어준 후, 화분에 넣으면 완성

4 투구금
SAND DOLLAR
CACTUS

이름에서 강인함이 느껴지는 투구금은 노란 빛깔을 띠는 것이 아주 매력적인 선인장입니다. 사실 선인장이나 다육식물에 노란빛이 도는 경우는 엽록소가 부족하여 생긴 변이입니다. 노란 부분의 면적이 과도하게 넓어지면 광합성에 문제가 생겨서 돌연 죽어 버리는 경우도 있습니다. 그러니 온통 노랗기만 한 투구금이라니! 절대 죽는 일이 없다니! 당장 만들어 봅시다.

사용한 실: 울믹스
사용한 바늘: 3mm

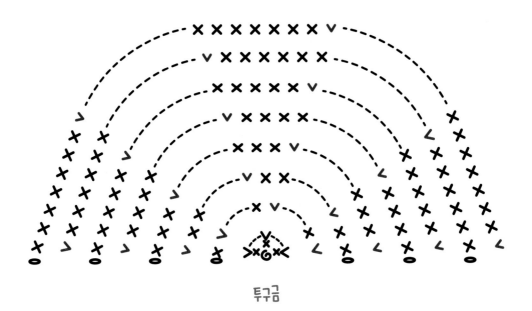

투구꽃

투구꽃 모자

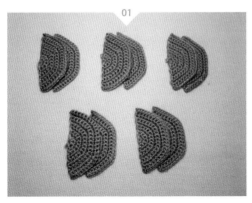

도안과 같이 선인장의 몸통이 될 조각을 뜹니다. 8개에서 12개 정도 만들어 봅시다. 저는 10개를 만들었습니다. 코가 늘어나는 부분은 빨간색으로 도안을 그렸습니다. 주의하여 뜹시다.

여기까지 뜨고 지쳤으면 단무지를 만들었다고 우깁시다.

조각을 이어붙일 차례입니다. 안쪽의 반 코씩 주워 짧은뜨기합니다.

끝을 따라서 짧은뜨기로 붙여주고 나면

이렇게 됩니다.

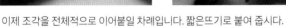

이제 조각을 전체적으로 이어붙일 차례입니다. 짧은뜨기로 붙여 줍시다.

07

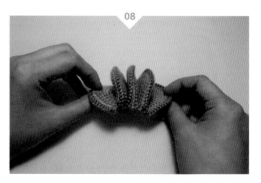

08

조각을 다 이어 붙이면 이렇게 됩니다. 사진으로 설명할 때에 잘 보이기 위해 일부러 분홍색 실을 사용했습니다. 실전에서는 몸통과 같은 색 실로 떠 주세요.

실을 어느 정도 정리한 모습.

09

이 가운데 부분은 돗바늘로 꿰매어 줍니다. 꿰매는 방법은 (   )페이지로.

10

머리 부분을 꼼꼼하게 잘 꿰매어 줍니다. 솜이 들어갈 예정이기 때문에 터질 우려가 있습니다. 꼼꼼하게!

11

막지 않은 반대쪽으로 솜을 넣어 줍니다.

12

솜이 빵빵하게 들어간 모습입니다. 투구금 선인장은 솜을 아끼지 말고 많이 넣어야 모양이 예뻐집니다

13

머리가 허전하다면 모자를 씌워 줍시다. 모자는 도안을 참고하세요.

14

완성!

⑤ 쭈글이 선인장
COMMON CACTUS

직접 만드는 식물의 좋은 점이란, 얼마든지 응용이 가능한 것이지요. 이렇게 생긴 선인장이 어디엔가 실존할 것 같지 않나요? 빨간 가시의 선인장은 때론 위협적일 수 있지만 내가 만든 뜨개 선인장은 언제나 말랑말랑 따뜻하다는 사실.

사용한 실: 램스울 혹은 캐시미어
사용한 바늘: 5~6호

1단: 짧은뜨기 10코를 이용하여 원 모양 뜨기로 시작합니다. (총 10코)
2단: 1코당 2코씩 코를 늘립니다. (총 20코)
3단: 짧은뜨기 1코 + 코늘림 1번을 총 10번 반복합니다. (총 30코)
4단: 짧은뜨기 2코 + 코늘림 1번을 총 10번 반복합니다. (총 40코)
5단: 짧은뜨기 3코 + 코늘림 1번을 총 10번 반복합니다. (총 50코)
6단: 짧은뜨기 4코 + 코늘림 1번을 총 10번 반복합니다. (총 60코)
7단: 짧은뜨기 5코 + 코늘림 1번을 총 10번 반복합니다. (총 70코)

한 단당 균일한 간격을 두고 코늘림하여 총 10코씩 늘어납니다.
이 아래로는 코를 줄입니다.

8단: 짧은뜨기 5코 + 코줄임 1번을 총 10번 반복합니다. (총 60코)
9단: 짧은뜨기 4코 + 코줄임 1번을 총 10번 반복합니다. (총 50코)
10단: 짧은뜨기 3코 + 코줄임 1번을 총 10번 반복합니다. (총 40코)
11단: 짧은뜨기 2코 + 코줄임 1번을 총 10번 반복합니다. (총 30코)
12단: 짧은뜨기 1코 + 코줄임 1번을 총 10번 반복합니다. (총 20코)
13단: 짧은뜨기 없이 코줄임 1번을 총 10번 반복합니다. (총 10코)

당신은 이제 16종 이상의 선인장을 만들 수 있게 되었습니다.
(사진으로 찍어보기)

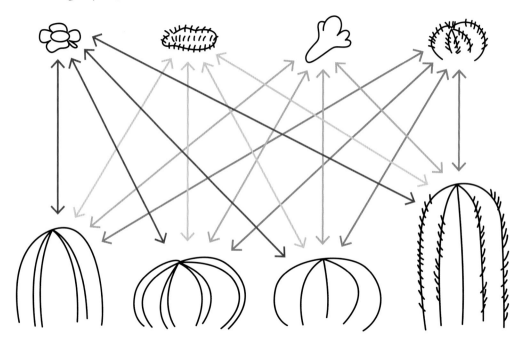

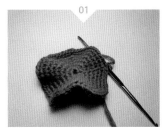

1단부터 7단까지 뜬 모양입니다. 생김 새가 목이버섯 같군요.

8단까지 뜬 모양입니다. 코가 줄고 나니 서서히 오무라지는 모양이 됩니다. 이 건 사이다 페트병 바닥 부분 같습니다.

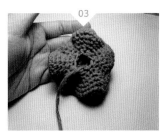

13단까지 코줄임하여 총 10코로 줄인 모양입니다.

납작한 모양을 하고 있지만

당겨서 모양을 잡으면

완성입니다.

⑥ 용맹한 선인장
COMMON CACTUS

직접 만드는 식물의 좋은 점이란, 얼마든지 응용이 가능 하다는 것이지요. 이렇게 생긴 선인장이 어디엔가 실존할 것 같지 않나요? 빨간 가시의 선인장은 때론 위협적일 수 있지만 내가 만든 뜨개 선인장은 언제나 말랑말랑 따뜻하다는 사실.

사용한 실: 램스울 혹은 캐시미어

사용한 바늘: 5호

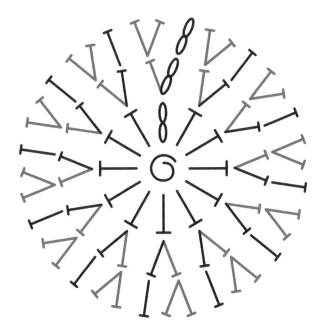

여기까지 뜨고 긴뜨기(T)를 이용하여 6단 더 뜹니다.

빨간색으로 그린 부분은 가시 부분이 되는 곳입니다.
긴뜨기한 자리 하나 당, 짧은뜨기 2코 뜨기.

도안과 같이 원 모양을 뜹니다.

이 상태에서 코의 증감 없이 긴뜨기를 이용하여 6단을 더 뜹니다.

긴뜨기를 이용하여 6단을 더 뜬 모습입니다. 이제 바깥 부분에 짧은뜨기로 모양을 만들 것입니다.

빨간색 실을 이용하여 테두리를 따라 짧은뜨기합니다. 규칙적으로 짧은뜨기하여 가시 부분을 만들어 줍니다.

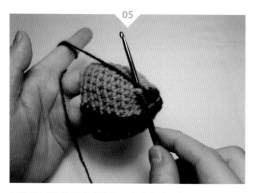

옆에서 보면 확실히 기둥이 보입니다. 기둥을 잘 세서 균일하게 뜨도록 합시다.

완성!

째끄만 선인장
BABY CACTUS

사실 이 선인장은 만들 계획이 없었습니다. 홍화 꽃받침을 어떻게 만들까 고민하다가 실을 잘못 선택한 것 같아서 버리려고 했는데 때마침 미니 토분이 눈에 들어왔습니다. 사진에 찍힌 꽃은 까치밥나무의 꽃입니다. 때마침 집에 안개꽃이 있다면 안개꽃을 올려도 귀여울 것 같습니다.

도안은 홍화 꽃받침 만드는 방법과 완전히 똑같습니다!

사용한 실: 아크릴헤어

사용한 바늘: 2mm

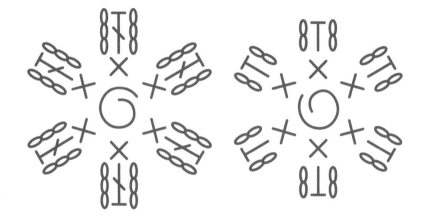

선인장 도안들을 응용해 다양한 모양의 선인장들을 만들어 보세요!

063
PAGE

응용

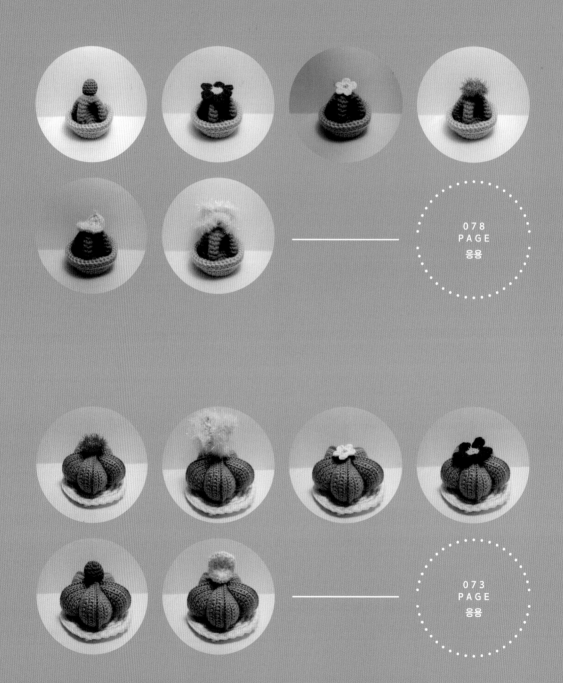

078
PAGE
응용

073
PAGE
응용

082
PAGE
응용

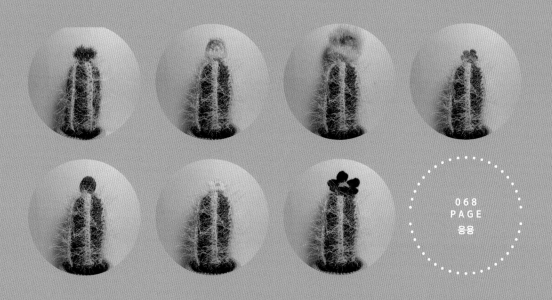

068
PAGE
응용

03
FLOWERS

① 압화
PRESSED FLOWER

압화는 조형예술의 일종으로 꽃과 잎을 눌러서 말린 그림을 말합니다. 더불어 식물의 표본을 만들기 위해 쓰는 방법에서 유래하였습니다. 옛날 한옥집의 창호지 문을 바를 때 말린 꽃잎이나 잎을 넣어 장식하기도 했다고 합니다.

사용한 실: 램스울

사용한 바늘: 5호

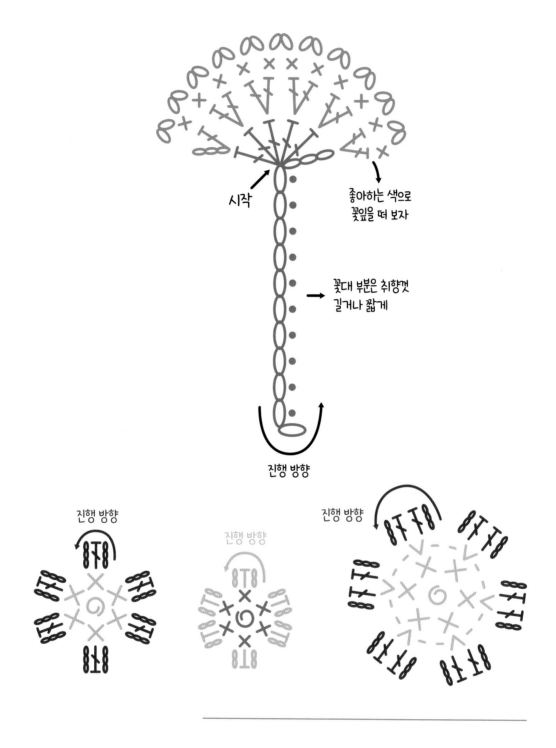

시작

좋아하는 색으로
꽃잎을 떠 보자

꽃대 부분은 취향껏
길거나 짧게

진행 방향

진행 방향

진행 방향

진행 방향

기둥코 1코를 포함하여 사슬뜨기 11코로 시작.

빼뜨기로 끝까지 떠 줍니다.

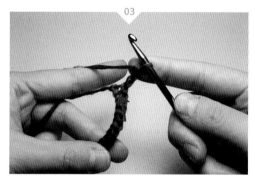

사슬뜨기 3코 뜹니다. 표시된 곳에 바늘을 찔러 한길긴뜨기 5코를 뜹니다.

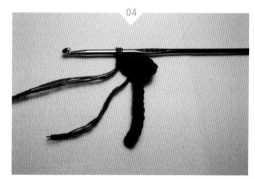

3번의 과정까지 뜬 모양. 여기까지가 꽃받침이 됩니다.

실을 잘라 정리한 후, 색깔을 바꾸어 꽃잎 부분을 뜹니다. 한 코당 한길긴뜨기 2코를 떠서 코를 늘려 줍니다.

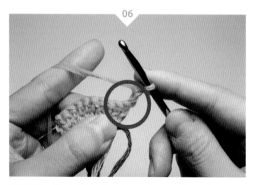

한길긴뜨기를 다 뜬 후에는 사슬뜨기 2코 + 짧은뜨기 1코를 반복합니다. 표시한 부분에 짧은뜨기 합니다.

6번의 과정을 마친 모양입니다.

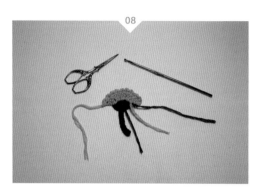

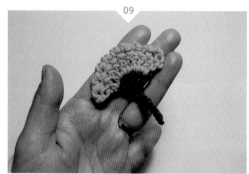

남은 실을 잘라서 잘 정리해주면

완성입니다.

* 액자에 넣어 방에 장식합시다.
줄기 부분을 길게 떠서 책갈피로 활용할 수도 있습니다.

❷ 팬지
PANSY

팬지는 제비꽃과에 속하는 꽃으로, 야생화인 제비꽃답게 어느 환경에서나 잘 자라고 번식력이 좋습니다. 매년 봄이 돌아올 때마다 길거리의 관상용으로 많이 심어지는 꽃 중 하나이지요. 팬지의 꽃말은 '나를 생각해 주세요'이며, 폴란드의 국화이기도 합니다. 제목도 기억나지 않을 정도로 어릴 때 읽은 동화에서 제비꽃을 설탕에 절여 먹는다는 묘사를 한참 상상한 적이 있습니다. 어른이 된 지금은 어릴 때만큼 그 맛이 궁금하지는 않지만 어린 시절의 나를 종종 귀여워하곤 합니다.

사용한 실: 뱀부면사
사용한 바늘: 레이스용 코바늘 5호에서 0호까지

팬지는 실 색깔을 바꾸어 3단만 뜨는 것으로 완성할 수 있습니다. 노란색으로 꽃의 중심부를 뜹니다.

보라색 실로 바꾸어 2단을 뜬 후

연보라색 실로 마저 뜨면 완성입니다. 꽃잎과 꽃잎 사이의 짧은뜨기는 화살표로 표시한 부분에 바늘을 찔러서 뜹니다.

완성!

③ 라벤더
LAVENDER

라벤더의 꽃말은 여러 가지가 있지만 그중 하나가 침묵이라고 합니다. 우리 모두 라벤더를 한 송이씩 떠서 지니고 다니거나 선물을 합시다. (제발 입 좀 다물었으면 싶은 사람에게는 다발로 줘도 부족할 것 같군요)

라벤더는 딱히 도안이랄 것이 없습니다. 아래 설명과 사진을 따라 천천히 따라해 봅시다.

사용한 실: 뱀부면사
사용한 바늘: 1.5~2.0mm

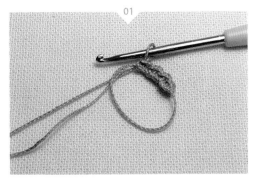

원 모양 뜨는 방법으로 시작합니다. 짧은뜨기 4코입니다.

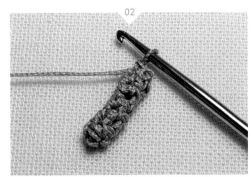

코의 증감 없이 길게 쭉 떠 주세요. 이 부분이 줄기가 됩니다.

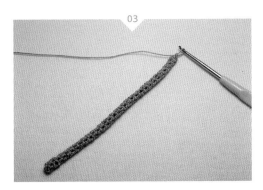

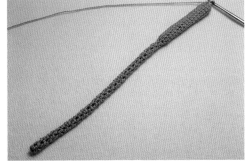

원하는 길이만큼 줄기를 떴으면 한 코당 짧은뜨기 2코를 떠서 총 8코로 코를 늘려 줍니다. 이 부분은 꽃이 됩니다.

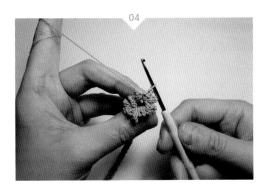

여기서부터 약간의 집중력이 필요합니다.

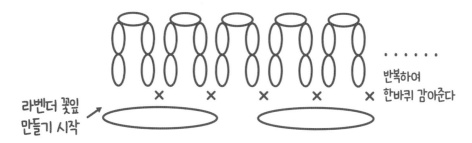

라벤더 꽃잎
만들기 시작

반복하여
한바퀴 감아준다

코 하나에 사슬뜨기 5코 * 2개 + 다음 코로 넘어가며 사슬뜨기 5코를 반복해 줍니다. 8코를 다 채우고 나면 아래 과정을 따릅니다.

본격적으로 꽃이 되는 부분을 촘촘하게 채워야 합니다. 사진과 같이 바늘을 찔러서

짧은뜨기 - 사슬뜨기 5코 - 같은 자리에 짧은뜨기 합니다. 둘레를 두르면서 반복합니다. 빠지는 부분 없이 촘촘하게 심어 주는 느낌으로 떠 줍니다.

이렇게 꽃잎 부분이 만들어집니다.

라벤더의 형태가 완성되었습니다. 바닥에 눕혀 장식할 예정이라면 철사는 끼우지 않아도 좋습니다.

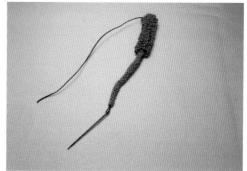

철사로 고정시키기를 원한다면 돗바늘을 이용하여 철사를 줄기 가운데 부분으로 꿰어 줍니다.

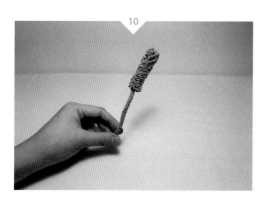

철사를 정리하면 완성.

④ 장미
ROSE

장미는 1.25mm부터 2mm까지 어떤 바늘을 이용해도 상관없습니다. 다만 그 이상으로 너무 두꺼운 실과 바늘을 사용하게 되면 얇은 꽃잎의 느낌이 나지 않으니 그 점을 주의합시다. 꽃받침은 동백의 꽃받침과 동일한 도안입니다.

사용한 실: 뱀부면사   사용한 바늘: 레이스용 코바늘 1.25~2mm
준비물: 꽃철사와 글루건

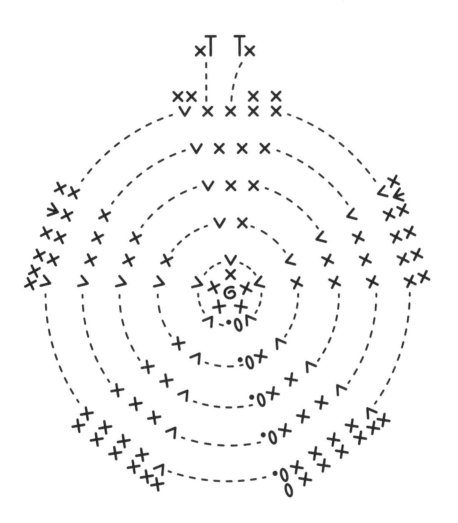

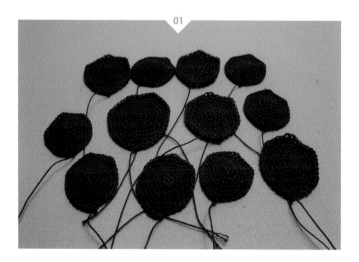
01

도안을 따라 꽃잎을 여러 장 뜹니다. 1.25mm부터 2mm까지, 같은 실을 이용해서 떠도 꽃잎 크기가 미묘하게 조금씩 달라집니다. 디테일한 구현을 원한다면 안쪽의 꽃잎은 작은 꽃잎, 바깥 쪽 꽃잎은 큰 꽃잎을 붙이면 되겠죠.

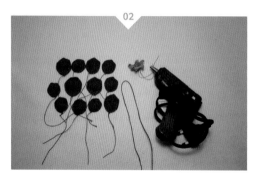
02

장미를 만들 준비가 다 되었습니다. 철사와 글루건이 필요합니다. 손을 데이지 않도록 조심!

03

가장 안쪽에 들어가는 꽃잎입니다. 가운데 부분에 철사를 꿰어 줍니다.

04

손이 데이지 않도록 조심 또 조심! 꽃잎을 둘러서 붙여 주세요

꽃잎을 다 붙였다면 꽃받침을 붙일 차례입니다. 우선 글루건을 바르지 않은 상태에서 꽃받침을 철사에 꿰어 줍니다.

이렇게 꽃받침의 정중앙으로 철사와 자투리 실을 모두 빼내어준 후,

꽃받침을 뜰 때 이용했던 실로 철사를 감아 주세요. 같은 색의 플로랄테이프가 있다면 테이프를 이용해도 좋습니다.

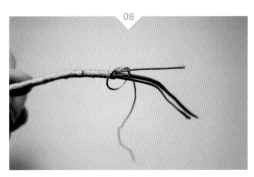

끝까지 감아준 후, 단단하게 매듭짓습니다. 매듭지은 부분은 글루건이나 목공용 본드를 이용하여 붙여 줍니다.

꽃받침을 고정하는 것은 이 단계에서 해도 됩니다. 원하는 모양으로 잡아준 후 완성!

노란 장미도 만들어 봅시다. 노란 장미는 존엄의 의미를 담는 것과 동시에 그 마음을 나누는 꽃입니다. 응원과 지지, 혹은 위로가 필요할 때에 가장 어울리는 꽃이지요.

5 **튤립**
TULIP

튤립(Tulip)은 이슬람교 신자들이 머리에 두르는 터반(Turban)과 비슷하다고 하여 붙여진 이름이라고 합니다. 1600년대 초의 네덜란드에서는 특이한 품종의 튤립은 집 한 채 값으로 거래되기도 했으나 1639년부터는 가격이 급속도로 떨어지는 사태가 일어나기도 했습니다. 이 사태를 튤립 버블이라고도 하는데, 네덜란드의 원예 기술이 발전하게 된 하나의 계기가 되었다고 하네요.

사용한 실: 뱀부면사   사용한 바늘 : 1.25~2.0mm
준비물: 꽃철사, 꽃테이프, 글루건

노란색 ➜ 주황색 ➜ 빨간색
순으로 완성합니다.

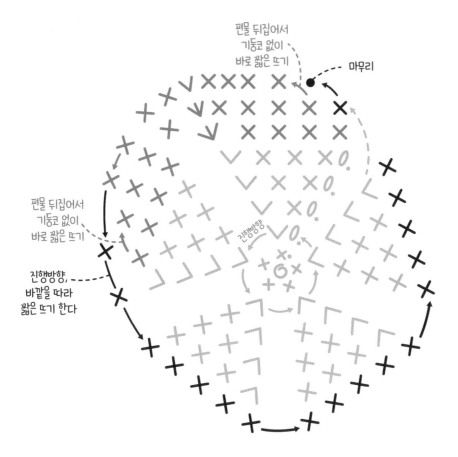

편물 뒤집어서
기둥코 없이
바로 짧은 뜨기

마무리

편물 뒤집어서
기둥코 없이
바로 짧은 뜨기

진행방향,
바깥을 따라
짧은 뜨기 한다

진행방향

도안의 노란색 부분까지 뜬 모양입니다.

주황색 도안의 첫 줄을 뜬 모양입니다. 여기까지는 잘 티가 나지 않습니다.

편물을 뒤집어 뜹니다. 기둥코 없이 바로 짧은뜨기를 하는 것이 핵심입니다.

도안에 따라 주황색 부분을 다 뜬 모양입니다. 바깥 부분을 짧은뜨기로 떠 줍니다.

마지막 코까지 잘 떠서 빼뜨기로 마무리하면

꽃잎 하나가 완성됩니다.

여러 장의 꽃잎을 떠서 준비합니다.

꽃잎 한 장에 철사를 끼워 줍니다.

꽃테이프로 철사를 감습니다.

글루건을 이용하여

안쪽에서 채워 나가듯 둘러서 붙입니다.

12

완성!

6 카라꽃
CALLA

결혼식 부케에서 어렵지 않게 볼 수 있는 꽃이면서도 조의용 관 장식에 사용하기도 하는 꽃입니다. 카라가 시작과 끝을 의미하기 때문이라고 합니다. 카라의 꽃말은 "시간의 의미"입니다.

사용한 실: 뱀부면사   사용한 바늘 : 1.25~2.0mm

준비물: 꽃철사, 꽃테이프

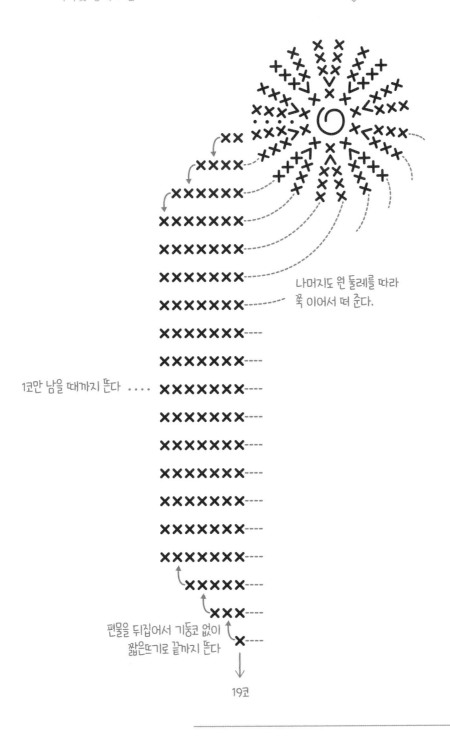

나머지도 원 둘레를 따라
쭉 이어서 떠 준다.

1코만 남을 때까지 뜬다 ‥‥

편물을 뒤집어서 기둥코 없이
짧은뜨기로 끝까지 뜬다

19코

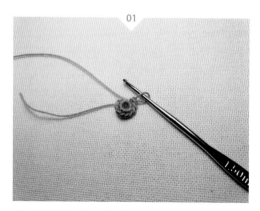

짧은뜨기 10코로 원 모양을 만들어 줍니다.

짧은뜨기 1코당 2코로 코늘림하여 20코로 만들어준 후, 도안과 같이 코의 증감 없이 3단 더 뜹니다.

그 상태에서 기둥코 없이 짧은뜨기로 19코 뜹니다.

19코 뜬 후 편물을 뒤집어 다시 기둥코 없이 짧은뜨기로 끝까지 뜹니다. 기둥코가 없으므로 짧은뜨기는 18코가 됩니다.

같은 방법으로 계속 뜹니다. 그 다음 단은 17코, 그 다음은 16코, 15코... 1코가 남을 때까지 뜨면 이런 모양이 됩니다.

여기까지 뜨고 지쳤다면 손가락 인형이라고 우깁시다.

꽃술을 만드는 법은 간단합니다. 4코로 시작하는 원 모양으로 코의 증감 없이 원하는 길이가 될 때까지 뜹니다. 다 뜬 후에는 사진과 같이 철사를 연결한 후,

만들어 준 꽃잎 가운데로 빼내어 줍니다.

꽃테이프를 이용하여 감아주면,

완성!

7 **홍화**
SAFFLOWER

홍화는 7~8월경에 노란색으로 피는 꽃입니다. 모양은 엉겅퀴와 유사하나 시간이 지나면 붉은 색으로 변하는 것이 특징입니다.

예로부터 약재로도 많이 사용되었으며, 때문에 토종 식물로 생각하기 쉽지만 원산지는 이집트입니다.

사용한 실: 면사   사용한 바늘: 2.0mm
준비물: 꽃철사, 꽃테이프

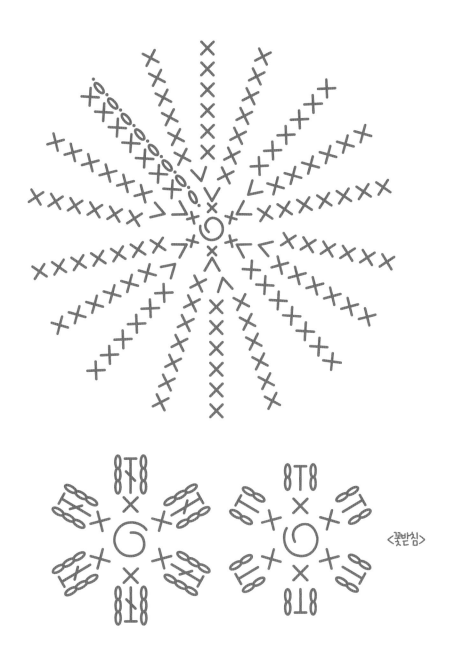

〈꽃받침〉

도안과 같이 꽃받침이 되는 부분을 떴습니다. 둥근 꽃받침 > 큰 꽃받침 > 작은 꽃받침 순으로 포개어 가운데 부분으로 실을 빼내어 줍니다.

꽃잎이 되는 부분을 만들 차례입니다. 빳빳한 종이를 이용하여 사진과 같이 실을 감아 줍니다. 너무 많이 감으면 꽃받침에 잘 들어가지 않으니 주의해 주세요.

종이를 제거한 다음 가운데 부분에 꽃철사를 고정시켜 준 다음,

가운데로 모두 통과시킵니다.

꽃테이프로 감습니다.

꽃잎이 되는 주황색 실의 가운데 부분을 가위로 자릅니다.

조금씩 다듬어서 모양을 잡아주면 완성! 자르고 나면 돌이킬
수 없으니 조금씩 조금씩 잘라 주세요.

8 데이지 꽃팔찌
DAISY

데이지는 숲의 요정 벨데스가 변해서 된 꽃이라는 전설이 있습니다. 3월에서 6월 사이, 바닥에 낮게 무리지어 피어오르는 꽃입니다. 영국 사람들은 낮에 꽃이 피고 밤에 오무라지는 모습을 Day's eye라고 불렀다는 이야기도 있고, 고대 영어로 태양의 눈을 Day's eye라고 했다는 설도 있습니다.

사용한 실: 면사

사용한 바늘 : 2.0mm

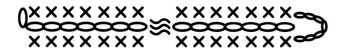

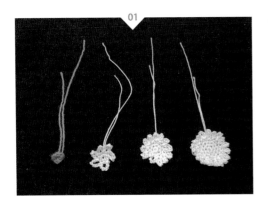

꽃팔찌는 꽃잎을 겹겹이 떠서 합체하여 만드는 작품입니다. 도안을 따라 만들어준 꽃잎들을 준비해 주세요.

꽃의 중앙 > 작은 꽃잎 > 중간 꽃잎 > 큰 꽃잎 순으로 꿰어 가운데로 자투리 실을 모두 빼내어 줍니다.

벌써 귀여운 데이지가 되었습니다. 이대로 원하는 곳에 묶어도 예쁩니다.

손목에 두를 팔찌 부분을 뜹니다. 손목에 대어 보며 원하는 사이즈를 조절할 수 있다는 게 직접 만드는 액세서리의 장점이지요.

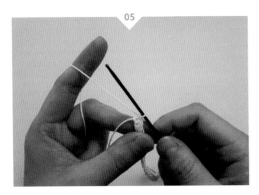

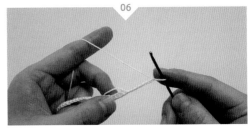

짧은뜨기로 1단을 끝까지 뜬 후,

사슬뜨기 7코를 뜹니다. 단춧구멍이 될 부분입니다. 저는 와이셔츠에 다는 사이즈의 단추를 사용했는데요, 만약 팔찌에 붙일 단추의 크기가 크다면 사슬뜨기를 1~2코 정도 더 떠 주세요. 사슬뜨기를 한 후, 뒤집어서 반대쪽으로 짧은뜨기 합니다.

07

08

09

팔찌를 다 만든 후, 꽃에서 나온 자투리
실을 반으로 갈라 팔찌에 꿰어 줍니다.
그리고 단단히 매듭지어 주세요.

단추를 채운 모양입니다.

완성.

10

고양이 목에 방울 대신 꽃을 달아 줍시
다.

* 단춧구멍 만드는 과정

단춧구멍 만드는 과정을 살펴 봅시다. 설명을 위해 꽃팔찌 만들기에 사용된 실과 바늘보다 조금 더 큰 것을 이용했습니다.

짧은뜨기로 한 단 뜨고 난 후 사슬뜨기를 한 모습입니다. 화살표 표시를 한 곳에 바늘을 찔러 넣어 짧은뜨기를 합니다.

짧은뜨기 1코를 한 모양입니다.

차근차근 짧은뜨기로 나머지 코를 뜨면 자연스럽게 단춧구멍이 만들어집니다.

⑨ 동백
CAMELLIA

추운 겨울에 피는 꽃, 동백(冬栢). 아주 추운 겨울에 눈밭에서 만개하였다가 통꽃으로 집니다. 모든 식물이 그렇겠지만, 아주 추운 가운데에서 꽃을 피우기 때문에 강인한 생명력을 상징하기도 하지요. 또한 제주 4.3의 영혼들이 붉은 동백꽃처럼 차가운 땅으로 소리 없이 스러져갔다는 의미를 가지며 제주와 4.3의 상징이기도 합니다.

사용한 실: 모헤어 아크릴사
사용한 바늘 : 3호, 6호

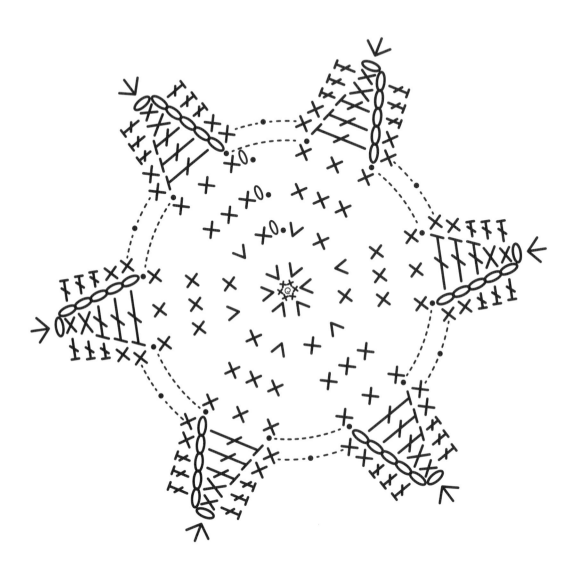

* 동백은 꽃잎 두 장과 꽃술, 꽃받침을 겹쳐서 입체적으로 꽃 모양을 완성합니다. 이번에는 같은 실을 두 겹으로 겹쳐서 한 가닥의 실처럼 떠 봅시다. 만약 좋아하는 색깔의 실을 찾았는데 그 실이 충분히 두껍지 않다면 이 방법을 이용해 보세요. 큰 동백꽃은 6호 바늘을 이용하여 두 가닥으로 떴습니다. 작은 동백꽃은 3호 바늘로 떴습니다. (참고! : 동백 꽃받침은 장미꽃 꽃받침과 동일합니다.)

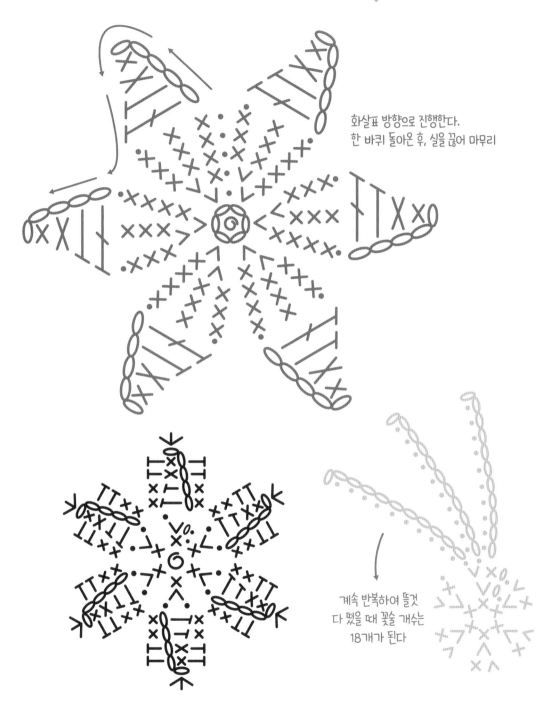

화살표 방향으로 진행한다.
한 바퀴 돌아온 후, 실을 끊어 마무리

계속 반복하여 뜰것
다 떴을 때 꽃술 개수는
18개가 된다

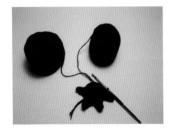

* 실 두 타래를 하나로 뜨는 모양
입니다. 이렇게 하면 두꺼운 실이
됩니다!

큰 동백에는 꽃술이 두 장 필요합니다. 다 뜨고 남은 실은 편물을 하나로 모아 묶을
때 필요하므로 너무 짧지 않게 여유를 두고 잘라 줍니다.

철사를 이용하여 줄기를 만들 예정이라
면 사진처럼 해 주세요.

남은 실은 사진처럼 처리하여 가운데로 빼내어 줍니다.

꽃술 > 작은 꽃잎 > 큰 꽃잎 > 꽃받침 순으로 겹쳐서 자투리 실을 가운데로 빼내어
줍니다.

다 겹치면 이런 모양이 됩니다. 이 상태
그대로 원하는 곳에 묶어 장식할 수 있
습니다.

꽃대를 만들기 위해 철사를 사용했다면, 꽃받침을 뜰 때 사용
했던 실로 감아 줍니다. 꽃 테이프가 있다면 꽃 테이프를 이용
해도 좋습니다.

다 감은 후엔 매듭지어 글루건이나 목공용 본드를 이용해 풀
리지 않도록 고정시켜 줍니다.

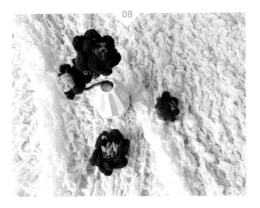

완성!

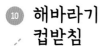

**(10) 해바라기
컵받침**
SUN FLOWER
COASTER

해바라기는 여름이 되면 무섭게 자라는 꽃 중 하나입니다. 숭배, 기다림이라
는 꽃말을 가지고 있습니다. 콜럼버스가 아메리카 신대륙을 발견한 이후 유
럽으로 전해졌다고 합니다. 우리나라에 들어온 지도 아주 오래 된 꽃 중 하
나지요. '인디언의 태양'이나 '페루의 황금꽃'이라는 별명을 가지고 있을 정
도로 강렬한 해바라기를 컵받침으로 만들어 봅시다.

사용한 실: 램스울

사용한 바늘 : 5호

사슬뜨기한 코에 걸지 않고
사슬뜨기로 만들어진 줄 자체를 꿰어
뜨개질 한다.

한길긴뜨기를 이용하여 원 모양을 만들어 줍니다.

노란색 실로 바꾸어 꽃잎이 될 부분을 뜹니다. 사슬뜨기 5코를 뜨고 2코씩 건너뛰어 묶어주듯 짧은뜨기를 합니다.

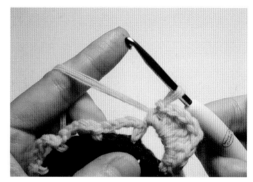

꽃잎을 뜹니다. 사슬뜨기한 코에 걸어서 뜨지 않고 사진과 같이 사슬 자체에 바늘을 꿰어 떠 줍니다.

끝까지 뜬 후, 실을 잘라 정리하면 완성입니다.

완성!

04
NECESSITIES

1 도토리
ACORN

두꺼운 실과 바늘을 쓰면 손에 꽉 들어오는 도토리를, 가느다란 실을 이용하면 실제 도토리 크기의 작품을 만들 수 있습니다.

완성작 사진에 실린 도토리에 사용한 실: 램스울

사용한 바늘 : 4호 ~ 5호

만드는 과정에서 사용한 실: 면사

사용한 바늘 : 3mm

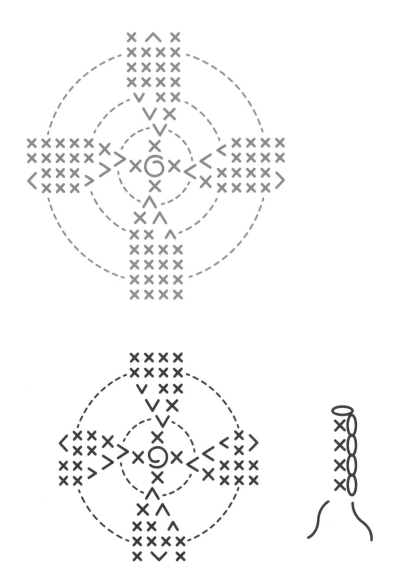

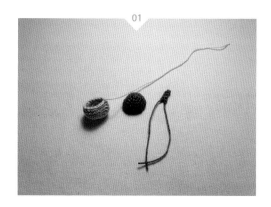

도안과 같이 도토리 몸통과 뚜껑, 꼭지 부분을 떴습니다. 몸통 부분의 실은 뚜껑과 이어붙일 때 필요하므로 약간 여유롭게 잘라 주세요. 도토리 꼭지도 마찬가지로 묶을 수 있는 여유분을 두고 잘라 줍니다.

몸통과 뚜껑을 이어 붙이기 전에 꼭지를 묶어 줍니다.

몸통 부분에 솜을 채워 넣은 후,

뚜껑과 이어붙여 줍니다.

화살표로 표시한 부분의 순서에 따라 바늘을 통과합니다. 몸통 부분에서는 한코씩 꿰매고, 뚜껑 부분에서는 안쪽 반 코만 꿰매어 줍니다.

다 꿰맨 후에는 솜을 주물러서 도토리 모양을 잡아 줍니다.

완성

도토리 바구니 안에 가득 들어있는 도토리! 귀엽습니다! 제가 뜨개질을 할 때 종종 듣는 말 중 하나가 "그거 만들어서 어디다 써?"입니다. 꼭 실용이 있어야 하나요? 귀여우면 그만입니다.

도토리 바구니를 만드는 것은 굉장히 쉽습니다! 도토리 열매, 그러니까 물건이 담기는 바구니가 되는 부분보다 뚜껑을 한 단 더 뜨는 것만 주의하면 됩니다.

사용한 실: 패브릭 얀
사용한 바늘 : 6~7mm

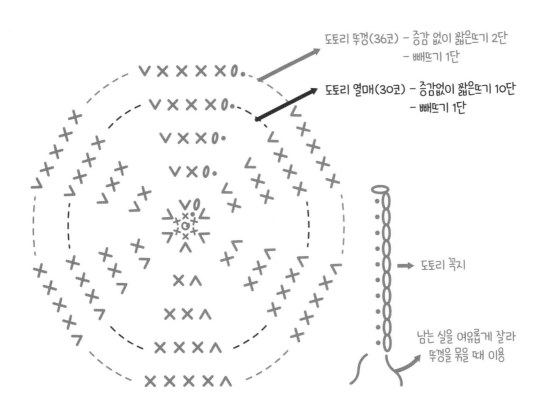

도토리 뚜껑(36코) - 증감 없이 짧은뜨기 2단
　　　　　　　　　 - 빼뜨기 1단

도토리 열매(30코) - 증감없이 짧은뜨기 10단
　　　　　　　　　 - 빼뜨기 1단

도토리 꼭지

남는 실을 여유롭게 잘라
뚜껑을 묶을 때 이용

왼쪽이 바구니의 바닥, 오른쪽이 뚜껑
윗부분입니다.

바닥을 뜨고 짧은뜨기 10단 + 빼뜨기 1
단. 뚜껑을 뜨고 짧은뜨기 2단 + 빼뜨기
1단을 뜬 모양입니다. 미리 떠 놓은 꼭
지는 뚜껑에 잘 묶어 줍시다.

바닥을 뜨고 짧은뜨기 10단 + 빼뜨기 1
단. 뚜껑을 뜨고 짧은뜨기 2단 + 빼뜨기
1단을 뜬 모양입니다. 미리 떠 놓은 꼭
지는 뚜껑에 잘 묶어 줍시다.

도토리 바구니 안에는 도토리가 들어 있습니다. 도토리 만드
는 법은 앞장을 참고합시다.

② 화분
FLOWERPOT

화분은 바닥을 먼저 떠준 후, 옆면을 뜨는 순서로 완성됩니다. 옆면을 다 뜬 후에는 윗부분의 두꺼운 모양을 재현하여 화분 모양의 디테일을 살려 줍니다. 화분을 뜨는 것에는 일정한 규칙이 있습니다. 아래 과정을 보고 천천히 따라해 봅시다. 얼마든지 응용하여 원하는 사이즈의 화분을 만들 수 있게 될 것입니다.

아래 과정은 깊지 않은 작은 화분을 기준으로 설명하고 있습니다.

사용한 실: 아크릴사

사용한 바늘 : 5호

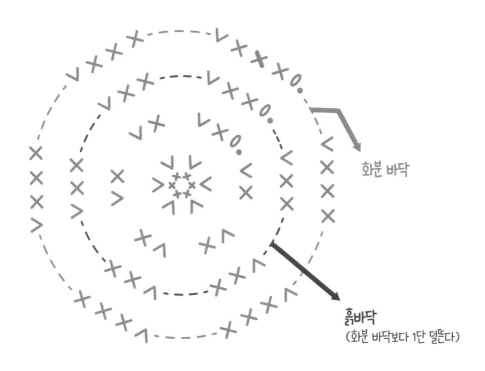

화분 바닥

흙바닥
(화분 바닥보다 1단 덜뜬다)

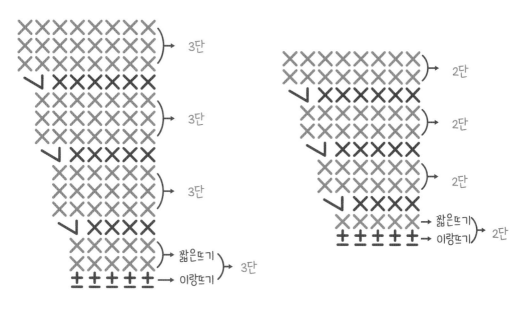

바닥을 먼저 뜹니다.

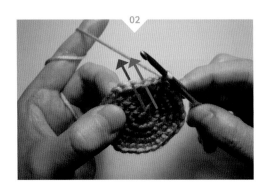

＊ 파란색 : 짧은뜨기   빨간색 : 이랑뜨기

화분의 모양을 제대로 만들기 위해서는 '이랑뜨기'를 해야 합니다. 이랑뜨기는 기본적으로 짧은뜨기와 방법이 같습니다. 짧은뜨기를 할 때 바늘을 거는 곳과 이랑뜨기를 할 때 바늘 거는 곳의 차이입니다. 바늘을 거는 곳에 따라서 편물의 무늬가 달라집니다.

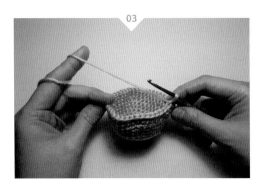

이랑뜨기로 뜬 모습입니다.

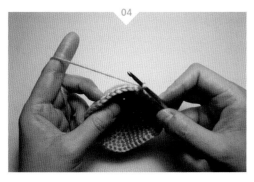 

옆면을 다 뜬 모습입니다. 화분의 옆면을 뜨는 것에는 일정한 규칙이 있습니다. 속이 깊지 않은 화분은 코를 늘려 주는 단 사이에
짧은뜨기를 2단 뜹니다. 속이 깊은 화분은 코를 늘려 주는 단 사이에 짧은뜨기를 3단 뜹니다.

편물을 뒤집어서 다시 이랑뜨기 1단 뜨고, 짧은뜨기로 1단 더 뜹니다. (총2단)

화분 윗부분을 다 뜬 모습입니다. 밖으
로 살짝 뒤집어 주면

화분 모양이 완성됩니다.

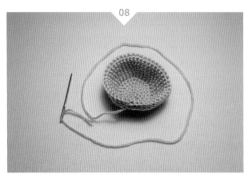

화분의 모양을 더 견고히 잡아주기 위해서는 약간의 바느질이 필요합니다. 실 길이를 여유롭게 두고 잘라 주세요.

사진과 같이 바닥 부분을 향해 실을 꿴 바늘을 통과시켜 줍니다.

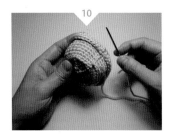

한 코씩 단단히 묶어 준다는 느낌으로 실을 휘감듯 꿰매어 줍니다.

왼쪽은 휘감지 않은 부분이고 오른쪽은 휘감은 모양입니다. 확실히 바닥 부분이 단단해진 것을 볼 수 있습니다.

한바퀴 감은 후 남은 실은 잘라서 정리해 줍니다. 완성!

화분의 크기가 달라 보이지만 바닥은 동일한 크기입니다. 왼쪽은 옆면을 떠서 올릴 때 코늘림의 증감 없는 단을 2단으로 한 것이고, 오른쪽은 1단으로 한 것입니다. 도안을 참고하여 원하는 화분을 만들어 봅시다. 바닥을 넓게 하면 더 큰 화분이 되겠지요?

화분에 쏙 들어가는 흙도 만들어 볼까요? 아주 간단합니다. 만드는 방식이 완전히 똑같이 때문이지요. 다만 바닥 부분을 화분보다 1단 덜 뜨면 됩니다. 화분 바닥을 총 5단으로 떴다면 흙은 4단까지만 뜨면 됩니다.

흙에 식물을 고정하는 요령은 게발선인장/립살리스 챕터를 참고하면 됩니다.

❸ 나뭇잎 가랜드
LEAF GARLAND

사용한 실: 아크릴 그러데이션사

사용한 바늘 : 5호

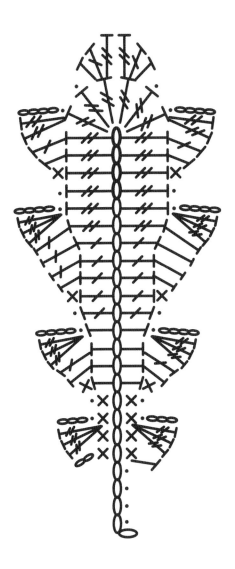

갈색 계통의 그러데이션이 있는 실을 준비합니다.

사슬뜨기 23코로 시작.

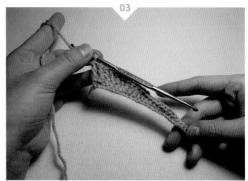

도안과 같이 천천히 경사가 생기도록 떠 줍니다.

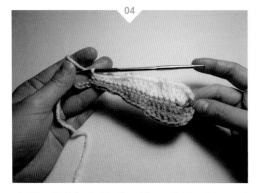

반대쪽도 뜹니다. 맨 처음 빼뜨기한 부분은 나뭇잎의 끄트머리가 됩니다.

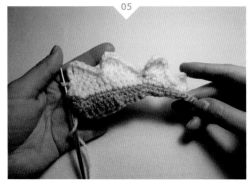

도안만 주의하여 뜨면 어려울 것이 없습니다.

06

위쪽도 빼놓지 않고 뜬 후,

07

반대쪽까지 뜨면 완성입니다. 이 작품은 양쪽이 대칭이므로
대칭이 틀리지 않게만 주의합시다.

08

자투리 실은 노끈이나 나뭇가지에 엮을 때 필요할 수 있으므
로 여유를 두고 자릅니다.

④ 배춧잎 수세미
CABBAGE LEAF
LOOFAH

수세미실은 실 특성상 사진으로 촬영했을 때에 코가 잘 보이지 않아 설명이 어렵습니다. 설명에 이용한 실은 램스울입니다.

램스울 대신 수세미실로 뜨면 수세미가 됩니다! 이 책에 소개된 다른 작품들도 수세미실로 떠 봅시다!

사용한 실: 수세미실

사용한 바늘 : 6호

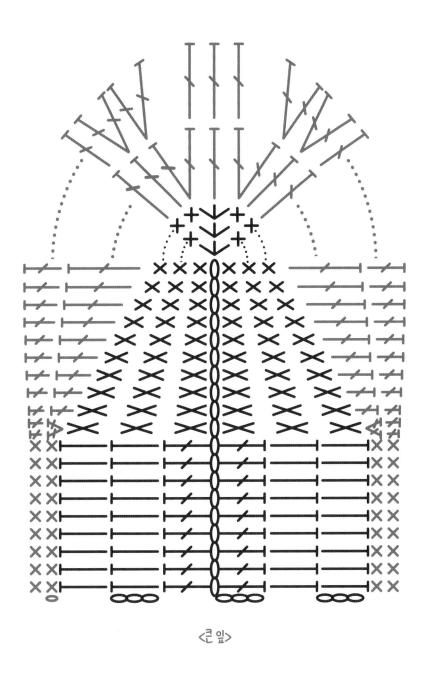

<큰 잎>

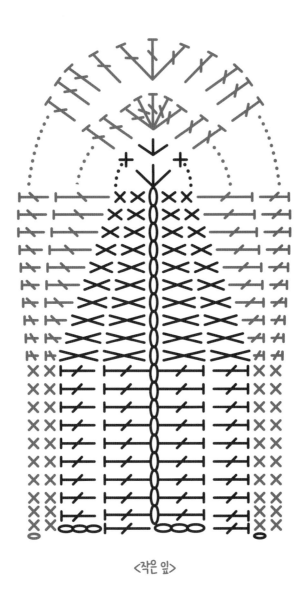

〈작은 잎〉

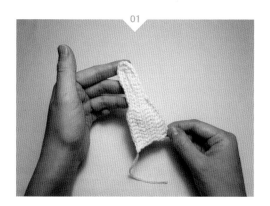

흰색 실을 이용하여 줄기 부분을 만들어 줍니다.

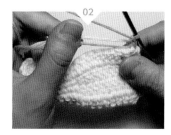

실 색깔을 바꾸어 이파리를 뜹니다.

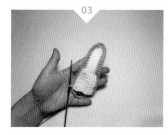

이파리 부분 1단을 뜬 모양입니다. 끝 부분의 코 늘어나는 부분만 주의하면 어렵지 않습니다.

나머지 이파리도 다 뜨고 실을 정리하면

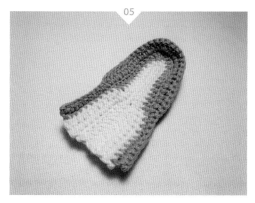

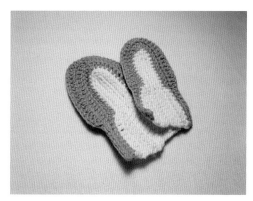

완성. 큰 배춧잎도 만들어 봅시다.

끝맺는 말,
도움 주신 분들

혼자서도 잘 살아야겠다는 생각을 하긴 하지만, 결코 혼자서는 안 되는 일들이 있음을 알고 있습니다. 아래 도움 주신 분들께 감사의 인사를 드립니다.

내가 만든 것들보다 훨씬 더 아름답게 사진을 찍어준 디자이너 별. 삶의 치열함을 잃지 않으려는 사람, 그 치열함을 디자인으로 치환하여 생각할 줄 아는 디자이너. 당신에게서 늘 좋은 에너지만을 받아 갑니다.

별과 함께 사진 촬영과 자문까지 맡아주신 꽃작가, 플로리스트 류둥지 님. 이국적인 시골의 풍경을 동경하고 오렌지색 꽃을 보면 활짝 웃음을 보이시는 분.

류둥지 님의 아름다운 공간, 꽃집 '르봉드닛' 꽃으로 감정을 표현하고 리본으로 정돈하여 마음을 전달하는 게 무엇인지 배운 공간이었습니다. 주변의 누군가에게, 혹은 나 자신에게 감정과 의미를 담아 전하고 싶을 때마다 들르도록 하겠습니다. 마음의 이야기를 전하는 만큼 신중한 꽃다발을 만들 수 있는 곳이 있어서 다행입니다. 모두의 이야기가 다르듯, 다채로운 색과 형태를 가진 꽃이야말로 언어로 표현하지 못하는 그 무엇을 담을 수 있다는 걸 보여 주셔서 고맙습니다.

경기도 오산시 세마역로41번길 11, 르봉드닛

다짜고짜 뜨개질을 배우고 싶다는 9살의 저에게 첫 스승님이 되어 주신 엄마와 외할머니. 그 때 배우지 못했더라면 지금 이 책도 나오지 못했을 것입니다. 늘 과묵하게 제 편이 되어 주시는 아빠, 고맙고 사랑해요.

자주 투닥거리다가도 정말 중요할 때엔 반드시 옆을 지켜 주는 소중한 친구, 승현 님. 앞으로도 자주 투닥거리도록 합시다.

스스로 식물을 키우기에 난 너무 게으르다고 말하는 종산 언니. 먼 길을 돌고 돌아 언니 이름을 편하게 부를 수 있게 되기까지를 곱씹어도 이제는 웃음만 나오니, 이 얼마나 기쁘고 다행이고 감사한 일인가요!

저에게 이런 기회를 주신 한윤지 팀장님. 어떤 좋은 일은 생각지도 못한 곳에서 튀어나오기 마련이라는 걸 알게 해 주셨습니다. 저는 이 책을 만드는 동안 정말로 피곤했지만 그 몇 곱절로 정말로 정말로 즐겁고 행복했어요.

끝으로, 언제나 내 편이라고 말하는 햄찌 류창근 님. 나도 항상 당신 편으로 남겠습니다.

모두 고맙습니다.

2019년 8월

식 물 원 킨 트
백 지 윤

코바늘 잘쓰는 식물 광인의
보태니컬 손뜨개

1판 1쇄 인쇄 2019년 8월 5일
1판 1쇄 발행 2019년 8월 10일

지 은 이   백지윤
발 행 인   이미옥
발 행 처   아이생각
정   가   16,000원
등 록 일   2003년 3월 10일
등록번호   220-90-18139
주   소   (03979) 서울 마포구 성미산로 23길 72 (연남동)
전화번호   (02)447-3157~8
팩스번호   (02)447-3159

ISBN 978-89-97466-60-3 (13630)
I-19-05

i THINK
아이생각

내일의 디자인
더 나은 디자인

D·J·I BOOKS

DESIGN STUDIO

- 디제이아이 북스 디자인 스튜디오 -

BOOK·CHARACTER GOODS·ADVERTISEMENT
GRAPHIC·MARKETING·BRAND CONSULTING

FACEBOOK.COM/DJIDESIGN